NOTES

FAISANT SUITE

AUX OBSERVATIONS

DE LA

FACULTÉ DE DROIT DE CAEN,

Sur les Réformes à introduire

EN MATIÈRE

DE PRIVILÉGES ET HYPOTHÈQUES

ET DE TRANSLATION DE PROPRIÉTÉ.

CAEN,

IMPRIMERIE DE A. HARDEL, SUCCESSEUR DE T. CHALOPIN.

—

1841.

NOTES.

TITRE Iᵉʳ.

DES PRIVILÉGES ET HYPOTHÈQUES.

CHAPITRE Iᵉʳ.

DISPOSITIONS GÉNÉRALES.

2092. *Quiconque est obligé;* le Code dit : *s'est obligé*, ce qui semble restreindre aux obligations *conventionnelles*, un effet commun à tous les engagements, quelle que soit leur origine.

Sauf les exceptions admises par la loi. Ainsi l'article 2092 se trouve en harmonie avec les dispositions qui enlèvent à l'action des créanciers certains biens du débiteur, tels que les rentes sur l'état, la dot du régime dotal, les sommes et objets déclarés insaisissables par le Code de procédure.

2094. *Le privilége et l'hypothèque ne peuvent être cédés sans la créance.* Ce principe est développé par l'article 2180 2°. qui détermine les effets soit de la renonciation, soit de la subrogation aux droits de privilége ou d'hypothèque. Le rapprochement de ces deux textes résoud nettement les difficultés graves et nombreuses que cette matière soulève.

Le privilége et l'hypothèque sont inhérents à la créance; ils la

suivent, quand elle est vendue ou donnée en gage (art. 1692 C.
civ.). Est-elle éteinte par le paiement ou par la novation? ils peuvent
s'en détacher pour passer à la nouvelle créance qui prend sa place
(art. 1249 et suiv.; art. 1278 C. civ.; art. IX du présent projet);
hors de là, accessoires indivisibles de l'obligation, ils cessent
d'exister dès qu'on les en sépare. Si le créancier veut céder son rang,
il faut qu'il cède la créance elle-même, ou au moins qu'il l'affecte
à titre de nantissement; car c'est sur cette créance que s'imputeront
toutes les collocations obtenues à l'aide du privilége ou de l'hypothèque; ces collocations épuiseront le droit du créancier primitif,
comme s'il se fût lui-même présenté à l'ordre, comme s'il eût
touché les deniers pour les remettre ensuite au tiers qu'il s'est subs-
titué; il n'aura donc plus contre le débiteur qu'une nouvelle action,
née de l'espèce de cautionnement contracté au profit de ce tiers.

Quand au contraire le créancier veut conserver sa créance, il ne
peut transmettre son rang, mais seulement s'abstenir d'en profiter.
Quelques termes qu'il emploie, cession de priorité, subrogation,
renonciation aux droits de préférence, il n'attribue rien à la personne envers laquelle il s'engage, il s'interdit simplement de re-
quérir collocation à son préjudice. Mais s'il existe des créanciers in-
termédiaires, ils seront colloqués avant celle-ci; tout se réglera
comme si le premier créancier n'existait pas ou qu'il se fût laissé
forclore. Il a abdiqué son droit; dans l'hypothèse précédente, il
l'exerçait par autrui (voir l'introduction, pages xix et xx).

Du reste, la convention ne produira d'effet, qu'autant qu'il y aura
intérêt pour la partie au profit de laquelle elle est faite et dans la
mesure de cet intérêt; les tiers ne pourront s'en prévaloir, si cette
partie ne l'oppose pas elle-même.

Ils sont, de leur nature, indivisibles.... C'est, en ce qui concerne
l'hypothèque, la reproduction littérale de l'article 2114, 2e. alinéa
Mais le caractère de l'indivisibilité n'appartient pas moins au privilége; il fallait exprimer ce principe, qui plus tard recevra son
application.

CHAPITRE II.

DES PRIVILÉGES.

2095. *Le privilége, etc., aux autres créanciers.* La généralité de ces expressions dispense d'ajouter *même hypothécaires* ; d'ailleurs les articles qui régleront le rang des diverses créances ne laisseront point d'incertitude.

Le privilége résulte aussi du gage et du droit de rétention. Cette addition complète la définition donnée par le Code. Le gage, le droit de rétention sont certainement des causes légitimes de préfé‑rence (voir page xii de l'introduction) ; et cependant ils ne sont point basés sur la qualité de la créance. Le gage peut être stipulé pour une dette quelconque (art. 2071 du Code civil) ; le droit de rétention dérive uniquement de la connexité entre la créance et l'obligation de livrer une chose (art. 2102, n°. 5 du projet).

2098. Il n'a paru ni possible, ni convenable, que le Code civil s'occupât des priviléges dans les matières qu'il ne règle point, sauf toutefois ce qui est relatif à leur conservation, à leur exercice, à leur extinction et à leur purge, quand ils portent sur des immeubles.

2099. Cet article, dans le Code, n'indique pas suffisamment la division des priviléges en trois classes : la nouvelle rédaction est plus en rapport avec les trois premières sections de ce chapitre.

Section Iʳᵉ.

Des priviléges sur les meubles.

§. Iᵉʳ. *Des priviléges généraux sur les meubles.*

2101. 1°. *Les frais de justice, c'est-à-dire, etc.* Tel est le sens que la doctrine et la jurisprudence ont attaché aux termes du Code : le privilége ne s'exerce contre chaque créancier que pour les frais qu'il eût dû faire lui-même, s'ils n'avaient pas été faits par un autre.

2°. *Les frais ordinaires des funérailles.* Le privilége se restreint donc aux frais autorisés par l'usage, d'après la position du débiteur ; les intérêts des créanciers ne seront pas sacrifiés à la vanité de la famille ; le deuil de leur débiteur insolvable ne sera point porté à leurs dépens. Mais, comme dans le droit romain, le privilége appartiendra à quiconque aura payé ces frais ; c'est une justice due au parent, à l'ami, au voisin qui dans ces tristes moments est venu au secours de la famille.

3°. *Les frais ordinaires pour soins donnés....* Cette rédaction termine les controverses nées de la locution *frais de dernière maladie* : l'humanité ne permet pas de limiter le privilége aux frais de la maladie dont le débiteur est mort. Mais il faut que la créance vienne de *soins donnés au débiteur malade*, et non de ces soins conférés *habituellement* par le médecin de la famille ; que ce soient des frais *ordinaires* et non des dépenses excessives ; elles ne seraient légitimées ni par le caprice du malade, ni par la tendresse exagérée de ceux qui l'entourent. Enfin la créance se restreint aux *six mois qui précèdent l'ouverture de la succession*, *etc.* Le décès, la faillite, la saisie ou l'opposition sont l'extrême limite du temps pour lequel elle peut s'exercer. Cette limite indiquée encore dans les n⁰ˢ. 4 et 5 de cet article, par analogie du Code de commerce (art. 549), fixe la signification des expressions trop vagues du Code civil.

§ II. *Des priviléges sur certains meubles.*

2102. N°. 1. D'après la jurisprudence actuelle, le bailleur est privilégié pour tous les loyers et fermages échus, que le bail ait ou non date certaine. Il n'y a pas à distinguer, en effet : la jouissance passée est un fait constant, quelle que soit la nature du bail. Mais pour que le bailleur réclame avec justice, il ne suffit pas que le preneur ait joui; il faut encore qu'il n'ait point payé. Les paiements peuvent être dissimulés, les quittances supprimées, sans que les créanciers soient en état de déjouer la fraude. En général un propriétaire ne laisse pas arriérer plus d'une année pour les maisons, de trois années pour les biens ruraux; s'il l'a fait, sa négligence ne doit point retomber sur les autres créanciers; le privilége pour le passé doit donc se restreindre à une année de loyers, à trois années de fermages.

Pour l'avenir, le Code distingue avec raison si le bail a ou non date certaine. Mais il ne détermine pas à quel moment la date certaine doit être acquise. La rédaction proposée l'indique : *avant la faillite, la saisie*. et *même le commandement*, pourvu qu'il y ait eu *poursuites aans la huitaine*. Si le commandement n'a pas été suivi d'actes d'exécution dans un bref délai, il ne peut constituer une présomption légale de fraude contre les baux faits plus tard.

Si le bail a date certaine, le Code accorde un privilége pour tout ce qui reste à échoir : cette disposition est maintenue.

Si le bail est verbal, ou ce qui est identique, s'il n'a pas date certaine, le privilége n'existe que pour une année à partir de l'expiration de l'année courante. Telle est la règle et elle s'applique, avec une désespérante uniformité, à des jouissances dont la durée varie suivant la nature des biens et le mode d'exploitation. Entre cette disposition et celles du titre du louage (art. 1736, 1759, 1774, 1775, 1776), il y a incohérence manifeste. Pour la faire cesser, il suffit de revenir aux vrais principes.

Le bailleur est privilégié pour tout ce qui lui est légitimement dû. S'il ne peut réclamer toutes les années échues, c'est qu'il y a contre lui présomption de fraude ou de négligence. Pour ce qui est à échoir, point de négligence possible, et la fraude se réduit à donner après coup au bail une durée qu'il ne devait point avoir. Que faut-il donc pour y remédier ? écarter le bail écrit dont la date n'est pas assurée, et limiter la jouissance au temps que la loi y assigne de droit, en l'absence de stipulations particulières. Dans ce système, tout s'enchaîne ; dans celui du Code, on arrive à ce résultat bizarre que le bailleur a privilége pour une année à échoir seulement, lors même que, d'après la division des terres en soles et saisons, le bail devait nécessairement se prolonger beaucoup au-delà de ce terme.

Il a été pourvu aux intérêts des autres créanciers en leur donnant dans tous les cas et nonobstant toutes prohibitions le droit de sous-louer. Ils l'auront soit pour tout ce qui reste à courir, si le bailleur est entièrement payé ou s'ils lui donnent caution de le payer aux échéances, soit au moins pendant le temps pour lequel il a obtenu collocation, s'ils ne s'engagent pas à le payer intégralement.

C'est là une dérogation notable au Code civil ; mais elle est commandée par l'équité : le bailleur ne peut avoir à la fois la chose et e prix ; s'il ne veut pas souffrir une sous-location qu'il avait interdite, ou qui doit cesser avant l'époque convenue, qu'il demande la résiliation du bail ; il y est fondé, puisque le débiteur ne remplit pas ses engagements ; qu'il réclame, qu'il obtienne, s'il y a lieu, des dommages-intérêts, et son privilége protégera toutes les créances nées de l'inexécution du contrat.

Quelques priviléges priment celui du bailleur : le Code ne les précise pas assez clairement. Ainsi l'on a voulu comprendre dans les frais de récolte les fournitures d'engrais et ce n'est pas sans hésiter que les tribunaux ont proscrit cette prétention. Elle est implicitement condamnée par le projet. Ces fournitures, sans profiter au propriétaire dans la plupart des circonstances, lui enlèveraient fréquemment plusieurs années de fermages ; l'esprit de la loi s'y oppose ; elle a placé en première ligne de modiques créances, que le bailleur a dû prévoir, que le Code (art. 548) déclare charges

des fruits , et non des dépenses considérables , quelquefois impro-
ductives , souvent imprévues , parce que le fermier devait trouver
ses engrais sur la ferme. Mais d'un autre côté , il semble juste que
les soins conférés, les médicaments fournis pour les animaux servant
à la culture , soient payés avant tout sur le prix de ces animaux.

Le bailleur peut revendiquer les meubles qui garnissent sa maison ou sa ferme; mais ce droit de revendication, circonscrit dans
un assez bref délai , s'exercera-t-il contre toute personne? le projet
ne l'admet pas au préjudice de l'acquéreur à titre onéreux , s'il
prouve sa bonne foi : en exigeant cette preuve on donnera aux tribunaux les moyens de réprimer les fraudes , sans trop gêner la
circulation des propriétés mobilières.

2101. 3°. Les frais faits pour la conservation de la chose sont
privilégiés , lors même qu'elle a été remise par l'ouvrier à son propriétaire. Mais pour éviter les abus , il faut que ces frais ne remontent
pas au-delà de six mois, et que, si la chose est donnée en gage , le
créancier gagiste n'ait pas à craindre un privilége qu'il aura presque
toujours ignoré : c'est aussi ce que porte la nouvelle rédaction.

2101. 4°. Les mots *effets mobiliers* employés par le Code , ont
été diversement interprétés. Le projet tranche toutes les difficultés:
les meubles corporels et incorporels, les meubles immobilisés depuis
la vente sont affectés au privilége du vendeur non payé.

Mais combien durera ce privilége ? autant que la créance elle-
même , pour les meubles incorporels tels que les rentes , les offices,
dont le prix n'est en général exigible qu'à des termes éloignés ; ——
une année seulement, s'il s'agit de meubles corporels, qui d'habitude
se paient comptant et dont les tiers ne peuvent vérifier l'origine.

Le vendeur peut , dans la huitaine de la livraison , revendiquer la
chose vendue ; ici plus de distinction. Le Code n'admet pas la revendication pour les ventes à terme; pourquoi cette différence? Serait-ce
parce que le vendeur paraît avoir suivi la foi de l'acheteur? Mais quand
la déconfiture se manifeste dans la huitaine de la livraison , n'est-il

pas évident que le vendeur a été trompé, qu'il faut lui subvenir ? Sa position doit-elle être pire que celle du négociant qui, malgré le terme, peut en cas de faillite revendiquer les marchandises par lui vendues et livrées ? Enfin la revendication n'est admise que dans la huitaine de la livraison ; un délai aussi bref ne prévient-il pas les abus que l'on pourrait craindre ?

Ce délai n'est prescrit que dans l'intérêt des tiers ; il en faut dire autant des autres conditions de la revendication ; quand le vendeur et l'acheteur sont seuls en présence, l'action résolutoire est toujours ouverte, à défaut de paiement du prix.

Si l'acheteur a transmis la propriété de la chose corporelle ou incorporelle, plus de revendication possible, plus de privilége ; les meubles n'ont point de suite par hypothèque. Le privilége du vendeur ne vient même qu'après tous les priviléges spéciaux, sauf celui du bailleur. Mais encore faut-il pour cela, suivant le Code, que le bailleur ait su que la chose vendue *n'appartenait pas* au locataire ; suivant le projet, qu'avant l'introduction dans la maison ou la ferme, le vendeur ait fait connaître par une notification que le prix lui était encore dû. Cette rédaction, plus exacte sous tous rapports, et prise en partie dans l'article 1813, fixe ce que le bailleur a dû connaître, à quelle époque cette connaissance doit être acquise et comment elle sera prouvée.

2102. 5°. *Les créances pour lesquelles existe le droit de rétention.....*

Les motifs de cette innovation ont été donnés dans l'introduction (page XIII); ajoutons ici que la nomenclature des priviléges résultant du droit de rétention n'a rien de limitatif. Ces priviléges, comme tous les autres, sont indivisibles (art. 2094 ci-dessus) ; ainsi l'ouvrier, le manufacturier ont privilége sur chacun des objets améliorés pour la totalité de l'amélioration.

2102. Les dispositions précédentes ont déjà déterminé le rang des divers priviléges spéciaux qui peuvent se trouver en concours ;

mais les priviléges généraux doivent-ils venir en premier ordre ? question ardue, que le projet résoud négativement : les priviléges spéciaux, restreints a certains objets, les embrassent plus étroitement que ne le font les priviléges généraux s'étendant sur toute la masse. Que l'on mette d'ailleurs en parallèle les diverses créances, et l'on trouvera toujours un motif déterminant pour assigner le produit de la chose au créancier à qui elle est spécialement affectée. Elle est son gage soit légal, soit conventionnel ; il l'a conservée, il l'a vendue ; sa créance n'est-elle pas préférable à toutes autres ? Il devra seulement supporter les frais de justice qui lui ont profité ; c'est en quelque sorte sa dette. L'aubergiste, le propriétaire seront primés par les frais funéraires ; le bailleur, par les gens de service de la ferme. Ces exceptions ont été déjà justifiées (introduction page XIV) ; elles ne causeront point un grave préjudice, car le créancier sera subrogé de droit au privilége colloqué avant le sien.

Cette subrogation, dont le Code de procédure (art. 769) et le Code de commerce (art. 554 et 555) donnent plusieurs exemples, est la conséquence d'un principe général établi par l'art. IX de ce projet.

Section II.

Des priviléges sur les immeubles.

2104. 1°. *Les créanciers pour frais de justice...* Addition indispensable, parce que, suivant le projet, les priviléges généraux ne s'étendront plus sur les immeubles.

2104. 2°. *L'ancien propriétaire...* Le donateur comme le vendeur, la raison l'exige ; la lettre du Code semble y faire obstacle.

2104. 3°. *Les copartageants...* Les associés, les communistes ont le même droit que les cohéritiers. Le privilége s'attache à toutes les créances nées de l'indivision ou du partage , ce qui est actuellement contesté ; mais il ne dépasse point la mesure de l'obligation personnelle ; il n'atteint que les biens échus au copartageant débiteur.

2104. 4°. *Les architectes... Pour édifices...* Il y a même motif pour les défrichements et desséchements , c'est l'application de la loi du 16 septembre 1807, art. 23. Les experts qui constateront l'état des lieux et recevront les travaux seront désignés plus promptement et à moins de frais par le président que par le tribunal entier. Des abus seraient possibles, si les travaux étaient commencés avant qu'il n'y eût un état des lieux ; ces travaux ne seront pas toujours mis à fin par celui qui les aura commencés , et alors le délai pour la réception doit courir de leur cessation ; tous ces points sont réglés par le projet.

Inutile de dire, avec le Code, que le privilége du vendeur, de l'architecte, etc. , passe au prêteur qui s'est fait subroger à leurs droits. Le principe général consacré au titre des obligations n'a pas besoin d'être reproduit pour chaque cas particulier.

SECTION III.

Des priviléges qui s'étendent sur les meubles et les immeubles.

2105. Le Code civil, en accordant aux créanciers d'une succession le bénéfice de la séparation des patrimoines, ne s'est point expliqué sur le sort des créanciers d'une société ou d'une communauté entre époux. Pour les successions même , il laisse beaucoup à désirer. Dans quelle forme et contre qui la séparation sera-t-elle demandée? Est-elle la conséquence de l'acceptation bénéficiaire , et alors peut-elle se perpétuer après la déchéance ou l'abdication du bénéfice d'inventaire? Empêche-t-elle la division des dettes? Donne-t-elle un droit de préférence contre les créanciers du défunt qui ne l'ont point réclamée en temps utile? Quels effets produit-elle entre les créanciers du défunt et ses légataires? Quelle est cette novation de l'article 879, qui rend irrecevable la demande en séparation? Questions difficiles, qui divisent encore les jurisconsultes, et que le projet résoud dans les articles 2105, 2110, 2111, 2112, 2113 et IV.

Par le premier, la séparation des patrimoines est déclarée un véritable privilége: en conséquence, elle grève chaque objet pour la totalité de la créance, nonobstant la division de l'obligation personnelle (art. 2094 in fine; art 2113 du projet). Tant que le débiteur a vécu, chacun de ses biens était affecté à toute la dette, sa mort ne doit point modifier les droits de ses créanciers : autrement il pourrait arriver que ces créanciers perdissent une portion de ce qui leur est dû, bien que la succession fût opulente. Que l'on suppose deux héritiers; l'un insolvable, ayant reçu en avancement d'hoirie une valeur à peu près égale à sa part dans la succession, obligé au rapport en moins prenant; l'autre héritier, absorbant tout l'actif réel, bien que personnellement il ne soit tenu que de la moitié des dettes. Quoi que fassent les créanciers de la succession, ils perdront moitié, si l'on ne maintient pas leurs droits sur les biens que possédait le défunt au moment de sa mort. Pourquoi ne pas le faire, quand les légataires ont pour tout le legs une hypothèque légale sur chaque immeuble de la succession (art 1017 C. civ.)?

Craindra-t-on que cette indivisibilité du privilége ne soit pour les cohéritiers solvables une cause de ruine? Ce serait à tort : le privilége devra se produire dans un assez bref délai; le partage ne sera presque jamais effectué auparavant; s'il l'a été, les copartageants ont dû prendre leurs précautions les uns vis-à-vis des autres. Dans tous les cas, ils ne seront exposés à perdre que ce qu'ils auront recueilli dans la succession; il vaut mieux les priver de cet avantage que d'enlever aux créanciers une partie de leur créance.

Le privilége de la séparation des patrimoines est accordé aux créanciers d'une société, d'une communauté, comme à ceux d'une succession ; il y a même motif.

Préférable à tous autres, sauf à ceux qui primeraient le vendeur, ce privilége est opposable même par les légataires, aux créanciers qui l'ont perdu, *jura vigilantibus scripta sunt.* Ils ont suivi la foi de l'héritier; ils se confondent avec ses créanciers personnels. Mais , en les écartant, ce privilége maintient les positions de ceux qui l'ont conservé, telles qu'elles étaient avant l'ouverture de la succession, la dissolution de la communauté ou de la société. Ainsi, s'il existait entre les créanciers des causes légitimes de préférence , elles continueront de subsister; par identité de raison , les créanciers seront payés avant les légataires, et ces derniers seront colloqués en proportion de leurs legs, à moins que le testateur n'en ait autrement ordonné.

L'on trouvera dans les articles 2110 et suivants, la solution des autres difficultés.

2106. D'après le Code, les priviléges généraux sur les meubles s'étendent subsidiairement sur les immeubles, même au préjudice des priviléges particuliers : l'on ne saurait en indiquer un motif plausible. Pourquoi, par exemple, le vendeur perdrait-il une partie de son prix , parce que son acheteur a des domestiques auxquels il est dû des gages; pourquoi le copartageant , forcé peut-être par le sort de se contenter d'une soulte, subirait-il une réduction au profit des fournisseurs de son copartageant ? Certes, c'est assez favoriser les créances mentionnées en l'article 2101 , que de les colloquer avant les créances chirographaires, non seulement sur les meubles, mais encore sur le prix des immeubles, quand il n'est pas absorbé par des priviléges ou des hypothèques. C'est ce que fait le projet , conformément à la doctrine et à la jurisprudence.

Section IV.

Comment se conservent les priviléges.

2107. Le mode de conserver les priviléges sur les meubles est réglé soit par les dispositions précédentes, soit par le titre du nantissement, sauf ce qui concerne la séparation des patrimoines, régie par les articles 2110 et suivants.

Les priviléges sur les immeubles ne produisent d'effet qu'autant qu'ils sont inscrits; l'on ne doit point ajouter, avec le Code, *et à compter de l'inscription*, c'est les confondre avec les hypothèques· En matière de priviléges, la priorité de date, quant à l'inscription, est chose insignifiante.

Faudra-t-il inscrire pour les frais de justice? nullement; c'est la dette des autres créanciers.

2108. *Les anciens propriétaires et les copartageants...* Ce changement est commandé par la nouvelle rédaction de l'article 2104, 2°. et 3°.

Dans les soixante jours... Pour les copartageants, il y a peu de différence avec le Code. L'article 2109 leur donne également soixante jours pour inscrire; mais ce délai court de la date du partage ou de la licitation; d'après le projet, il partira de la *réalisation* de ces actes. Jusqu'à *la réalisation*, définie dans l'introduction (pages III et IV), ces actes n'ont point d'existence à l'égard des tiers ; ils ne peuvent donc servir de base à une inscription.

Pour les anciens propriétaires, trois innovations importantes à signaler :

Actuellement la transcription de la vente conserve le privilége du vendeur, parce qu'elle donne lieu à une inscription d'office. En remplaçant la transcription par la réalisation, qui n'offre pas les mêmes renseignements, le projet a dû forcer l'ancien propriétaire à s'inscrire comme les copartageants.

Le privilége du vendeur, sous le Code civil, pouvait impunément rester occulte tant que l'acheteur conservait l'immeuble. D'après le Code de procédure, s'il y a revente, le vendeur primitif s'inscrira encore utilement dans la quinzaine de la transcription (art. 834). C'est là une atteinte fâcheuse au principe de la publicité. Rien ne la justifie : dira-t-on que les tiers peuvent, en vérifiant les titres, s'assurer si le prix est payé ? Cette vérification est aussi facile, quand il y a eu partage ou licitation, et pourtant le Code fixe aux cohéritiers un délai qui emporte déchéance. Il faut étendre la règle à l'ancien propriétaire. Le copartageant, créancier d'une soulte, est jusqu'à certain point un vendeur ; pourquoi dispenser l'un d'une publicité imposée à l'autre ? Souvent la dette a une origine si reculée qu'on ne peut guère y remonter. Beaucoup de propriétés sont grevées de rentes depuis plusieurs générations ; que le détenteur actuel soutienne n'avoir pas de titre, mais qu'il prouve une jouissance de trente, quarante ou cinquante ans, par lui ou ses auteurs, cette justification suffira à l'acquéreur, au créancier; et cependant, sous le Code, ils sont exposés à l'action du propriétaire de la rente. D'ailleurs il y a des créanciers à hypothèque judiciaire, des créanciers chirographaires, qui n'ont pu réclamer la représentation des titres et qui ont le droit de saisir l'immeuble. Ils ne se hasardent dans de telles poursuites qu'avec l'espoir d'être payés. Est-il juste qu'un vendeur inconnu les laisse s'épuiser en démarches, en faux frais ; puis qu'au dernier moment, quand la résistance du débiteur est vaincue, ce vendeur vienne à l'improviste enlever le prix de la lutte ?

Ces considérations s'élèvent avec plus de force encore contre le droit de résolution. Le vendeur, suivant nos codes, peut à toute époque, sans aucune inscription préalable, même après avoir perdu son privilége, faire résoudre la vente au détriment de tout acquéreur, de tout créancier. La loi du 2 juin 1841 (article 717) a déjà restreint ce droit exorbitant, mais il faut aller plus loin.

Le droit de résolution doit être soumis aux mêmes conditions que le privilége. Il a pour la masse d'aussi funestes conséquences ; il ne peut être autorisé quand le privilége est interdit. Le Code, pour les meubles, admet plus facilement le privilége que la revendication, véritable résolution au détriment du tiers ; il y aurait contradiction à consacrer la décision inverse pour les immeubles.

2109. Le Code ne fixe pas de délai pour l'inscription du privilége accordé aux architectes... Et par un vice palpable de rédaction, il assigne au privilége *la date* de l'inscription du premier procès-verbal, comme si les créanciers antérieurs ne devaient pas le souffrir.

Il faut procéder autrement : il y aura privilége contre tous créanciers, s'il y a inscription dans les quinze jours de l'ordonnance qui nomme l'expert pour constater l'état des lieux. Une seconde inscription, après la réception des travaux, est tout-à-fait superflue, qu'indiquerait-elle ? l'importance exacte de la plus-value. Une simple rectification redressera les erreurs de l'évaluation provisoire.

2110. Le Code fixe à six mois le délai pour inscrire le privilége de la séparation des patrimoines. Cette base est adoptée en principe. C'est dans les six mois de l'ouverture de la succession, de la dissolution de la société ou de la communauté, que les créanciers et légataires devront faire les actes requis pour conserver leurs droits. Mais, s'il y a lieu à partage, le privilége subsiste aussi long-temps que l'indivision. Tant que les biens n'ont pas été attribués divisément aux cohéritiers, aux associés, aux époux, ils forment une masse distincte, grevée de ses charges particulières qu'il faut acquitter avant tout. Même pour les immeubles, dont l'acte de partage doit être réalisé, l'inscription peut être prise non seulement jusqu'à la réalisation, mais encore dans la quinzaine suivante, par analogie de l'art. 834 du Code de procédure. Des règles semblables s'appliquent au cas où depuis les six mois, mais avant le partage, des biens indivis ont été aliénés dans l'intérêt de l'acquéreur, la faculté d'inscrire cesse quinzaine après la réalisation du contrat.

Les actes conservatoires du privilége varient suivant la nature des biens, et même suivant que la créance est ou non exigible. Par une dérogation au Code, l'inscription ne peut être prise qu'en vertu d'un acte portant minute ou au moins déposé devant notaire, ou en vertu d'une permission de justice. Ainsi l'on prévient les inscriptions mal fondées, faites sous un nom supposé, ou sur des actes faux.

2111. La jurisprudence décide que l'acceptation sous bénéfice d'inventaire entraîne comme conséquence la séparation des patrimoines. Rien de plus naturel, puisque les biens de l'héritier ne se confondent pas avec ceux du défunt. Mais, faut-il en conclure que le privilége ne s'éteint pas, quand l'héritier a perdu la qualité de bénéficiaire ? Non, certes, ce serait un effet sans cause. Tant que durera le bénéfice d'inventaire, les actes prescrits par l'article 2110 du projet seront valablement faits ; cependant si les six mois sont révolus, et qu'il y ait eu partage, le privilége non inscrit dans la quinzaine de la réalisation se réduira à la part contributoire de l'héritier. Pendant les six mois, jusqu'au partage et à la quinzaine de la réalisation, il a dû se prémunir contre l'insolvabilité de ses cohéritiers ; mais plus tard, ne voyant pas apparaître de créanciers, il a pû se réputer propriétaire absolu de son lot, sous la seule condition de payer sa part des charges. Le créancier négligent doit prendre les choses dans l'état où elles se trouvent ; il n'y a plus de masse, mais des représentants partiels du débiteur.

2112. Tant qu'il ne se présente pas d'héritiers, la séparation des patrimoines ne peut être réclamée ; les délais pour la conserver ne sauraient donc commencer à courir.

2113. *Dans les cas prévus par les articles* 2110.... Ce n'est plus à la succession, mais aux héritiers que le créancier s'adresse ; il ne doit obtenir de chacun, directement ou indirectement, que sa part contributoire dans la dette. Cet article déroge à l'article 1017, 2e. alinéa; il a paru impossible d'accorder pour les legs, un droit que l'on refuse aux créances.

CHAPITRE III.

DES HYPOTHÈQUES.

2114. Cet article n'a pas dû rappeler le principe de l'indivisibilité de l'hypothèque, suffisamment exprimé dans l'art. 2094 du projet.

2116..... *Elle est ou générale ou spéciale.* Le Code suppose cette distinction, mais ne l'établit pas.

En déterminant ici l'étendue de l'hypothèque générale, on évite la répétition qui se rencontre dans les art. 2122 et 2123, 2e. alinéa.

Elle n'affecte point ceux de ses héritiers; telle est maintenant l'opinion la plus accréditée; il est bon de l'ériger en loi.

2117. D'après l'art. 2123, tel qu'il est rédigé dans le projet, l'hypothèque judiciaire ne résulte pas de tous les jugements; il fallait donc restreindre la définition trop générale du Code.

2118. Au nombre des biens susceptibles d'hypothèques, le Code n'a point mentionné les tenures emphythéotiques et les droits de superficie: quelques jurisconsultes en ont conclu que ces cisaillements de la propriété ne pouvaient être hypothéqués (Grenier, t. 1er., p. 155); la jurisprudence a repoussé cette doctrine, contraire à l'ancien droit et à la loi du II brumaire de l'an VII. Il convient de la condamner formellement. L'emphythéose, les droits de superficie, sont des immeubles souvent fort importants; ils ne sont point incessibles et insaisissables; pourquoi donc les soustraire à l'hypothèque ?

Ces considérations ne suffiraient point pour les actions immobilières. Si la propriété n'a pas été déplacée et qu'il faille seulement

revendiquer contre un usurpateur ou ses ayant-cause l'immeuble dont on a perdu la possession , l'hypothèque est licite parce qu'elle porte non sur l'action en revendication, mais sur l'immeuble lui-même.

Quand au contraire il y a eu transmission de propriété, cette transmission, pût-elle être annulée, rescindée ou résolue, ne permet pas, du moins tant qu'elle subsiste, que celui qui l'a faite se dise propriétaire. Il n'a rien qu'une action pour faire rentrer l'immeuble dans son domaine; il ne peut donc affecter l'immeuble à ses créanciers, tant que la nullité, la rescision, la résolution ne sont pas prononcées. Son action même, quoique immobilière et aliénable , n'est point une base solide pour l'hypothèque. L'hypothèque conduit à l'expropriation ; comment trouver des adjudicataires qui offrent le juste prix d'un droit litigieux ? l'action est cessible; elle peut s'éteindre par une transaction ; comment le cessionnaire , comment le détenteur qui transigerait , purgeront-ils les hypothèques ? comment les créanciers exerceront-ils leur droit de surenchère ?

Jusqu'ici la jurisprudence, favorisée par la lettre du Code, a prohibé l'hypothèque sur les actions réelles. Le projet adopte cette décision qui tranche tant de difficultés ; mais en même temps , par une juste extension de l'art. 2075, il permet de donner en gage les actions immobilières. Ce gage confere au créancier le droit d'exercer l'action et lui attribue sur l'immeuble , lorsque le débiteur en a recouvré la propriété , un privilége semblable à celui du vendeur.

SECTION Ire.

Des hypothèques légales.

2121. 2°. *Ceux des mineurs*..... Cette rédaction leve, d'après la jurisprudence, les doutes que laissait le Code civil. (Introduction, page XII, dernier alinéa).

Section II.

Des hypothèques judiciaires.

2123. L'on a prétendu attacher l'hypothèque à tout jugement qui renferme le germe, qui indique la possibilité d'une créance ; au jugement qui nomme un curateur, à celui qui ordonne un compte ; c'est aller trop loin. Pour engendrer de plein droit l'hypothèque, le jugement doit contenir condamnation. C'est un retour aux anciens principes : l'ordonnance de Moulins, la loi du 11 brumaire de l'an VII n'admettaient l'hypothèque que pour *les créances* résultant de condamnations judiciaires. Pourquoi, en effet, maculer d'une inscription les biens d'une personne, tant qu'elle n'est pas déclarée débitrice ? Si l'on craint son insolvabilité, ne suffira-t-il pas que le juge puisse, suivant les circonstances, permettre d'inscrire à titre de mesure conservatoire.

La loi du 3 septembre devait ici trouver sa place, mais avec une modification. Elle semble autoriser l'inscription avant l'échéance de la dette, si les parties en sont ainsi convenues. Il faut rejeter cette décision : ou l'hypothèque est judiciaire, et alors elle ne peut précéder l'exigibilité de la créance, ou elle est conventionnelle, et dans ce cas elle doit être *spéciale* et résulter d'un acte notarié.

La soumission passée par la caution doit entraîner hypothèque, dans le cas où la solvabilité ne s'apprécie qu'eu égard à la propriété foncière. Mais, par exception à la généralité de l'hypothèque judiciaire, les immeubles offerts comme garantie et trouvés suffisants doivent seuls être grevés. Le crédit de la caution l'exige ; le créancier n'a point intérêt à s'y opposer. Il n'en aurait pas le droit, puisque l'hypothèque excessive est sujette à réduction.

Les jugements rendus en pays étranger n'emportent hypothèque en France, qu'autant qu'ils sont déclarés exécutoires par les tribunaux français. Ces tribunaux sont-ils tenus, quelles que soient les parties, de réviser le procès? Oui, suivant le projet, conforme aux derniers arrêts de la Cour suprême, mais cet examen n'implique point la nécessité de recommencer l'instruction. Ce serait procéder par action nouvelle, là où le législateur n'exige qu'une simple révision ; les enquêtes, les expertises faites à l'étranger seront prises en considération, si elles ne paraissent pas indignes de confiance.

Section III.

Des hypothèques conventionnelles.

2127. Les actes qui confèrent hypothèque intéressent et les parties et les tiers; l'on ne saurait négliger aucune précaution pour éviter les fraudes. Le Code a exigé l'authenticité, le projet veut en outre que l'acte porte minute. Il sera plus difficile de l'altérer ou de le supprimer, et toute partie intéressée pourra en prendre connaissance (voir l'art. 2203 ci-après). La procuration pour consentir hypothèque, complément indispensable de l'acte de constitution, doit toujours être authentique, pour prévenir ces vérifications d'écritures si difficiles; il faut aussi qu'elle soit annexée au titre, si elle ne porte pas minute et qu'un dépôt antérieur n'en ait point assuré la conservation.

Mais sera-t-il nécessaire que le créancier figure à l'acte pour y accepter l'hypothèque? sinon, l'hypothèque n'existera-t-elle, comme la donation, qu'à dater de la notification d'une acceptation authentique?

La cour de cassation, par arrêt du 2 août 1839, a consacré la négative. On objecte que l'hypothèque conventionnelle requiert le concours des volontés; que jusqu'à l'acceptation, la constitution par le débiteur n'est qu'une pollicitation, qui peut être rétractée;

que donner effet à cet acte non encore accepté, c'est violer la défense de stipuler pour autrui ; que faire rétroagir l'acceptation, même au préjudice de droits acquis dans l'intervalle, c'est contrevenir à l'art. 1338 du Code civil.

Malgré ces objections, l'arrêt cité plus haut doit faire la règle : l'utilité pratique l'emporte sur la subtilité du droit. N'est-il pas désirable qu'une constitution d'hypothèque, authentiquement consentie, publiquement annoncée par une inscription régulière, ne puisse être contestée sous prétexte de vices dans l'acceptation ? qu'un mandataire verbal ait capacité, en prêtant les deniers de son mandant, pour stipuler une hypothèque ? qu'un *negotiorum gestor*, saisi de valeurs considérables pour un ami absent, puisse grever ses propres biens d'une hypothèque pour assurer après sa mort et nonobstant l'insolvabilité de l'héritier, le paiement d'une dette sacrée ? qu'un débiteur en déconfiture puisse par une hypothèque donnée à tous ses créanciers, même aux plus éloignés, déjouer les efforts de ceux qui, plus rapprochés ou plus habiles que les autres, voudraient à l'aide d'hypothèques judiciaires, se créer des causes de préférence sur la masse ?

Pour obtenir ces résultats, il n'est pas besoin de faire violence aux principes : dans notre droit, toute convention, sauf la donation, produit effet du jour de sa date, en faveur de la partie qui doit en profiter sans contracter elle-même d'obligation, quelle que soit l'époque à laquelle cette partie manifeste son acceptation. Ainsi, d'après le décret du 22 décembre 1812, le privilége du second ordre sur les cautionnements existe du jour de la déclaration faite par le titulaire, même en l'absence du bailleur de fonds; ainsi encore, suivant la loi du 17 mai 1799 (28 floréal an VII) et le décret du 1er. août 1805 (13 thermidor an XIII), l'acquéreur d'une rente sur l'État est saisi de la propriété par la seule signature du vendeur sur le registre des transferts.

2129. Cet article a été expliqué dans l'Introduction, page XVI. La transmission d'un titre hypothécaire par voie d'endossement a des inconvénients certains ; les obligations simulées sont moins à redouter : elles exigent le concours d'une personne de plus, le créancier apparent ; la fraude, par cela même, est plus difficile à commettre, plus aisée à découvrir ; habituellement elle est empêchée par la crainte de l'insolvabilité ou de la mauvaise foi du prétendu créancier, qui pourrait, nonobstant toute contre-lettre, transporter la créance, sans en avoir fourni la valeur.

Les effets à ordre, il est vrai, dispensent de quelques formalités, de quelques frais d'enregistrement ; ils rendent les transmissions plus faciles. Mais le commerce aurait à craindre que les billets simples ne fussent exclus de la circulation par les titres hypothécaires ; la propriété, qui paie rarement à l'échéance, est intéressée à s'adresser directement à un prêteur réel, en état d'attendre jusqu'au terme, et d'accorder même, s'il le faut, quelques nouveaux délais. Elle obtiendra, par l'ouverture d'un crédit chez un banquier, tout ce qu'elle pourrait légitimement espérer de la création de cédules hypothécaires.

L'on rencontrerait enfin des difficultés inextricables pour savoir contre qui l'on purgerait l'hypothèque, à qui l'on demanderait la radiation de l'inscription, comment le créancier actuel se ferait connaître aux tiers, sur quelles justifications le conservateur substituerait un nom à un autre, un nouveau domicile à l'ancien.

2130. Cet article remplace les articles 2129 et 2130 du Code. Il maintient la spécialité de l'hypothèque conventionnelle ; mais c'est sous l'article 2148 que ce principe est développé.

Les biens à venir ne peuvent être hypothéqués. Le projet écarte l'exception écrite dans l'article 2130 du Code. Elle n'est, dans la plupart des cas, qu'un pacte sur une succession future ; elle favorise les honteuses spéculations contre les fils de famille, et jusqu'ici elle ne semble avoir profité qu'aux usuriers.

2131. Le Code paraît donner au créancier le droit d'exiger à son gré le remboursement de la créance ou un supplément d'hypothèque, lorsque ses sûretés sont diminuées. Le projet ne lui concède cette option que si le débiteur est en faute ; l'équité veut que celui-ci jouisse du terme , quand il offre des garanties suffisantes et qu'on n'a aucun reproche à lui faire.

Les articles 2132 et 2133 du Code se retrouvent, le premier dans les articles 2148 et 2149 du projet, le second dans l'article 2118 , 2ᵉ. alinéa.

Section IV.

Du rang que les hypothèques ont entre elles.

2133. Sous le Code civil , le privilége ou l'hypothèque étaient dénués d'effet, s'ils n'étaient inscrits avant l'aliénation de l'immeuble. Le Code de procédure (art. 834) permet de les inscrire dans la quinzaine de la transcription ; le projet maintient cette faculté , l'étend même pour les priviléges (voir l'art. 2166 ci-après). Les créanciers de l'acquéreur peuvent donc être inscrits avant ceux de l'ancien propriétaire. Néanmoins les derniers seront préférés. L'immeuble n'est transmis qu'avec ses charges (Cod. civ., art. 2183), pourvu qu'elles se manifestent en temps utile aux yeux des tiers. Ils doivent les prévoir et se résigner à les souffrir. Ce n'est pas une atteinte à la publicité : nul n'ignore qu'après une aliénation , des créances antérieures peuvent encore s'inscrire ; il faut, pour traiter avec sécurité , attendre l'expiration des délais assez brefs après lesquels l'inscription n'est plus possible. Tant qu'ils ne sont pas révolus , les créanciers de l'acquéreur ne peuvent avoir plus de droits que lui.

2134. L'inscription doit indiquer les parcelles grevées (art. 2148 4°. du projet). Elle ne peut donc être prise que sur les biens actuels du débiteur. Mais l'hypothèque générale s'étend aux biens à venir : comment la conserver ? Par une inscription requise sur chaque parcelle , à mesure des acquisitions. Si cette inscription n'avait effet qu'à sa date , l'hypothèque générale serait souvent primée par des hypothèques plus récentes, mais plus promptement inscrites ou dispensées d'inscription. Pour y obvier, il faut donner effet rétroactif à l'inscription si elle suit de près l'acquisition : la brièveté du délai écarte tous les dangers de cette rétroactivité.

Le délai varie suivant la nature de l'acquisition. Réduit à trente jours pour les actes entre-vifs, il s'étend à six mois pour les mutations par décès. Cette prolongation s'explique par la nécessité d'attendre que l'héritier ait pris qualité, liquidé la succession et procédé au partage.

2135. La dispense d'inscription est maintenue, l'Introduction (page ix) en donne les motifs et indique les mesures qui écartent tout danger.

L'hypothèque du mineur ou de l'interdit date, non de l'acceptation de la tutelle, mais, ce qui est plus exact, du jour où commence l'obligation de gérer, d'après l'article 418 du Code civil.

L'hypothèque de la femme, pour toutes les créances nées sans un fait personnel de sa part, doit remonter à la célébration du mariage : le Code fait à tort exception pour les donations et les successions; il n'y a point de différence entre le mari et le tuteur. Par le fait seul du mariage, le mari est chargé de recueillir, d'administrer, de restituer tous les biens qui peuvent advenir à la femme; l'hypothèque doit donc s'asseoir immédiatement sur les biens du mari pour l'exécution, pour toutes les suites possibles de ce mandat légal. Elle pourrait bien être stipulée et elle produirait effet du jour de la procuration, s'il s'agissait d'un mandat conventionnel. Mais si la créance a pour cause un fait volontaire de la femme, l'hypothèque n'existe qu'à compter de ce fait légalement constaté. Il serait odieux que la femme pût à son gré ruiner les droits antérieurement acquis.

Par le même motif, l'hypothèque légale est refusée, quand une action en révocation, en nullité ou en rescision aurait préservé l'incapable de toute perte. Lorsque, par exemple, le bien du pupille ou

l'immeuble dotal ont été indûment aliénés, c'est à l'acquéreur im-
prudent à supporter les conséquences de sa faute ; mais les tiers
ne doivent pas souffrir d'un acte que la loi prohibait, et que la
partie intéressée pouvait faire anéantir. En réalité, la créance ne
vient point de cet acte vicié dans sa substance, mais de la ratification
qui en efface les vices. Cette ratification ne peut nuire aux tiers ; elle
ne sera valablement donnée qu'après la cessation de la tutelle ou la
dissolution du mariage ; elle ne saurait donc engendrer l'hypothèque légale, puisqu'alors il n'y a plus ni tuteur, ni mari.

2136. Voir l'Introduction, page XI.

2137. A rapprocher de l'article 2134 du projet.

2139. *Le conservateur sera tenu...* Autrement, le mari et le
tuteur pourraient, en inscrivant, élire un domicile tel que jamais
les significations ne parviendraient aux parties intéressées.

2140, 2141, 2142, 2143, 2144, 2145. Voir l'Introduction
pages X, XI et XII.

CHAPITRE IV.

DU MODE DE L'INSCRIPTION DES PRIVILÉGES ET HYPOTHÈQUES

2146 *Elles ne donnent aucun droit de préférence...*

Le décès du débiteur, comme la faillite, fixe les droits des
créanciers entre eux : peu importe comment la succession a été
acceptée. Si elle est solvable, les questions de préférence sont
superflues ; si l'actif ne suffit pas à l'acquittement des dettes, il
vaut mieux répartir la perte sur tous ; elle sera moindre pour
chacun et la préférence ne sera pas le prix de la course. Mais les droits
acquis seront conservés ; et les inscriptions auront effet lorsque,
par la déchéance de la séparation du patrimoine, les créanciers
auront accepté l'héritier pour débiteur personnel.

2148. L'esprit général de cet article est exposé dans l'Introduction,
pages VI et VII. Passons aux détails.   4

Toute autre personne, même sans mandat; mais celui qui requiert l'inscription doit signer les bordereaux et y indiquer ses noms, profession et domicile. Il sera passible de dommages-intérêts, s'il a inscrit mal à propos; cette responsabilité empêchera les abus. D'ailleurs la saisine de l'expédition fait présumer l'autorisation du créancier.

Expédition authentique. Nulle inscription n'est admise si le titre ne porte minute ou n'a été déposé devant notaire (art. 2110 *in fine;* art. 2127 du projet).

2148. 1°. Le bordereau doit être conforme au titre soit primordial, soit récognitif. Il indiquera donc nécessairement le créancier et le débiteur tels qu'ils y sont désignés. S'ils ont changé, il pourra en être fait mention, mais ce n'est qu'une simple faculté qui facilitera les actes et traités relatifs à la créance. L'inscription prise pour ou contre une personne morte est donc valable; les significations adressées au créancier indiqué, les procédures faites contre lui ne pourront être attaquées sous prétexte qu'il serait décédé.

2148. 2°. *Le dépositaire de la minute*, obligé d'en donner communication à toute personne intéressée (Art. 2203 ci-après), ce qui rend inutile la mention de la nature du titre.

2148. 3°. *Son évaluation.* Il faut que les tiers sachent précisément la somme dont ils auront à subir le prélèvement.

Les frais et dépens exigibles. Les frais faits depuis ne sont point garantis par l'hypothèque de la créance.

4° *Les parcelles....* C'est la meilleure désignation de l'immeuble.

2149. 2151 1°. Voir l'Introduction, page XVII.

2151. 2°. *Pour le temps.*. Le créancier ne peut agir, dès que la saisie est transcrite, ou que la vente est notifiée plus de négligence à lui imputer. D'un autre côté, les fruits sont immobilisés (art. 682 Cod. procéd.); les intérêts sont dus (art. 2183 du projet) et seront distribués avec le prix de l'immeuble : cet accroissement de la masse immobilière ménage les droits des créanciers derniers inscrits, autorisés d'ailleurs à se faire subroger aux poursuites, si elles ne marchent pas assez rapidement.

Néanmoins les femmes mariées ... On ne peut leur reprocher d'avoir laissé accumuler les intérêts, puisqu'ils ne deviennent habituellement exigibles qu'après la cessation du mariage ou de la tutelle. D'ailleurs, pour les femmes, l'influence maritale excuse leur inaction.

2152. Le Code de procédure (art. 778) permet aux créanciers de prendre inscription pour conserver les droits de leur débiteur : il faut reconnaître la même faculté à toute partie ayant intérêt au maintien du privilège ou de l'hypothèque. Mais le titulaire de l'inscription pourrait, par une main-levée, tromper les prévisions de l'inscrivant. Celui-ci doit être autorisé à s'opposer à toute radiation. L'article règle les conditions, la forme et les effets de cette opposition dont il sera facile d'obtenir promptement main-levée, si elle a été faite sans juste cause.

Lorsque le débiteur paie sa dette, toutes les sûretés accessoires s'évanouissent. Les créanciers du titulaire de l'inscription ne pourront donc s'opposer à ce qu'elle soit radiée, qu'autant qu'ils auront mis obstacle au paiement, par la saisie soit du principal, soit des intérêts de la créance.

2153. Trop de formalités entraveraient les changements de domicile : mais, s'ils étaient faits à l'insu du créancier, ils lui déroberaient la connaissance des procédures relatives à l'inscription : cette fraude est impossible, si l'on exige une signification à chaque domicile élu. C'est une faible augmentation de frais bien rachetée par le surcroît de sécurité.

2154. Les lois belges n'exigent plus le renouvellement décennal. Cette idée n'avait pas échappé aux rédacteurs du Code. La section de législation proposait d'assigner à l'inscription toute la durée de l'obligation personnelle. La proposition fut rejetée : elle devait l'être ; elle l'a été encore depuis par l'avis du conseil d'état du 22 janvier 1818. Après un certain laps de temps, les registres sont tellement chargés que les recherches deviendraient trop coûteuses pour les parties, trop pénibles pour le conservateur.

On craint les oublis, les négligences : le projet y remédie. Il veut que les parties soient prévenues que leur inscription va se périmer. L'avertissement sera donné, car les conservateurs ont intérêt personnel à ce que l'inscription soit renouvelée.

Les inscriptions.... Du jour de leur date exclusivement.

Ainsi l'inscription prise le 2 janvier 1840, pourra être renouvelée le 2 janvier 1850, ce qui est actuellement l'objet d'une controverse.

Néanmoins après l'aliénation de l'immeuble. Voir l'Introduction, page XVII.

Dans la même forme que les inscriptions. Pourquoi une différence ?

Sans qu'il faille produire de titre. La jurisprudence le décide. Il s'agit non de créer un droit, mais de conserver ce droit dont l'existence a été précédemment justifiée.

Que comme inscription première. Le créancier inscrit avant le renouvellement croirait venir le premier en ordre et accorderait des délais qu'il eût peut être refusés s'il eût prévu que la nouvelle inscription s'appliquait à une hypothèque préférable à la sienne.

Il ne sera pas nécessaire... En se référant à l'inscription renouvelée, le créancier en perpétue tous les effets.

Sans que le défaut d'avis engage leur responsabilité. La sanction serait trop forte... *et dispense du renouvellement ;* les tiers ne doivent pas être préjudiciés par la négligence du conservateur.

2115. *Il en est de même.* . Il serait trop dur d'obliger le créancier à attendre au dernier moment s'il voulait obtenir récompense de ses frais.

Mais si le renouvellement... Cette disposition est assez com-

pliquée, en voici le but : il faut que le conservateur signale la
nécessité du renouvellement aux parties intéressées ; comment l'y
amener ? en lui assurant un avantage pécuniaire, si l'inscription
est renouvelée sur son avis. Autrement, il se contenterait d'avertir
les créanciers indiqués dans l'inscription, par lettre adressée au
domicile élu, sans rechercher si ces créanciers existent encore,
si la lettre leur parviendra. L'article alloue un double droit au
conservateur quand c'est par suite de ses démarches que le renouvellement a lieu. Mais quelle preuve en avoir ? La représentation
de la lettre d'avis. Comment contraindre l'inscrivant à la remettre ?
En lui faisant payer un droit en sus, quand il renouvelle l'inscription dans les six derniers mois, s'il ne peut ou ne veut justifier de
cet avertissement.

CHAPITRE V.

DE LA RADIATION ET RÉDUCTION DES INSCRIPTIONS.

2156. Cet article déjà expliqué dans l'Introduction, page xviii,
réunit les dispositions des articles 2156 et 2159 du Code civil. Il
doit être placé sous la rubrique de la radiation et réduction. Car
toutes les actions tendent à ce que l'inscription soit radiée ou ré-
duite.

Sans essai de conciliation. La demande requiert célérité.. Elle a
pour but la main-levée d'*une opposition* sur l'immeuble (Art. 48
du Code de procédure ; édit de 1771).

*Devant le tribunal de l'arrondissement où les inscriptions ont été
requises.* En effet l'action est réelle. Mais si le titre était attaqué, que
la radiation de l'inscription ne fût demandée qu'incidemment, l'action principale en nullité devrait être soumise, avec tous ses accessoires au tribunal du domicile du défendeur.

Une seule copie pour chaque inscription.. Afin d'éviter les frais.

Mais s'il y a plusieurs domiciles élus, il faudra autant de copies que de domiciles. (Art. 2153 du projet).

Les jugements rendus, etc. L'action portée devant le tribunal de la situation de l'immeuble et intentée par exploit au domicile élu, se restreint à l'inscription. Il serait dangereux que le jugement pût porter sur la créance elle-même. C'est ainsi que le créancier écarté d'un état d'ordre, même à raison du vice de son titre, peut en vertu du même acte faire valoir ses droits sur les autres biens du débiteur, sans avoir à craindre l'exception de la chose jugée; c'est ainsi que le successible condamné à payer telle dette comme héritier pur et simple, peut, si le même créancier réclame l'acquittement d'une seconde obligation, contester de nouveau cette qualité d'héritier, parce que la question n'a été résolue qu'incidemment et que comme moyen de décision dans le premier litige. Mais si les parties ont comparu et ont expressément conclu sur le fond du droit, il n'y a plus de surprise possible et la juridiction du tribunal se trouve prorogée.

2157, 2158, 2159. Voir l'Introduction, page xviii.

2161. Les hypothèques conventionnelles peuvent être réduites (Introduction, page viii). Le mode d'évaluation prescrit par l'article suivant donne toute sûreté au créancier.

2162. Cette rédaction laisse moins à l'arbitraire du juge que ne le fait le Code civil dans l'article 2165. Elle ne s'attache pas au revenu porté sur la matrice du rôle, parce que dans une partie de la France le cadastre indique non point le revenu réel, mais seulement le revenu proportionnel; l'impôt, bien qu'inégalement réparti, est une base plus exacte. D'un autre côté elle supprime l'augmentation du tiers, exigée par le Code (art. 2162). Pourquoi cette augmentation dès que l'on joint à la créance tous ses accessoires, même les frais de saisie et d'ordre, et que les immeubles sont estimés assez bas ?

2163. Cet article ne s'applique pas aux *créances conditionnelles* d'une valeur déterminée. L'inscription doit assurer le paiement intégral de la dette, si la condition s'accomplit; c'est par erreur que le Code paraît admettre une évaluation du droit, suivant sa valeur vénale eu égard aux chances à courir.

CHAPITRE VI.

DE L'EFFET DES PRIVILÉGES ET HYPOTHÈQUES CONTRE LES TIERS DÉTENTEURS.

2166. Nos lois ne concèdent le droit de suite qu'aux créanciers inscrits avant l'aliénation ou du moins dans la quinzaine de la transcription (C. procéd. 834). Le projet, en substituant la réalisation à la transcription, conserve cette règle, mais pour les hypothèques seulement : il établit, pour les priviléges, une corrélation parfaite entre le droit de préférence et le droit de suite.

Cette prolongation de délais, plus apparente que réelle, n'entravera point la transmission des propriétés.

Le privilége de l'ancien propriétaire ou du copartageant doit être inscrit dans les soixante jours : il est peu probable qu'avant ce temps il y ait aliénation réalisée.

Six mois sont accordés, à dater de l'ouverture de la succession, pour inscrire le privilége de la séparation des patrimoines; mais ils seront habituellement absorbés par les délais pour faire inventaire, pour délibérer, pour liquider la succession et en opérer le partage. Puis les créanciers n'ont pu agir contre le successible pendant les délais pour faire inventaire et délibérer, délais que le juge a le droit de proroger; par une sorte de réciprocité, il ne saurait être consenti à leur détriment d'hypothèque ou d'aliénation, pendant un temps à peu près égal.

D'ailleurs les tiers-détenteurs sont avertis; ils ne se dessaisiront pas de leur prix avant ce temps, s'ils ne veulent suivre la foi de leur vendeur.

2167. *L'aliénation totale ou partielle*, etc. La jurisprudence en décide autrement : mais ne vaut-il pas mieux que le terme subsiste tant que les sûretés ne sont pas diminuées, tant que les intérêts sont payés et qu'une notification ne fait pas craindre le morcellement de la créance ?

2168. *Ou de délaisser l'immeuble ou de payer*, etc. L'obligation de délaisser doit être placée en première ligne : c'est la seule qui pèse sur le tiers détenteur ; il ne paie qu'autant qu'il le veut.

Les inscriptions supplémentaires... Le tiers détenteur n'est tenu qu'autant qu'il y a hypothèque valablement conservée ; tout droit hypothécaire sujet à inscription et non inscrit dans les délais n'existe point à son égard (voir cependant l'article suivant).

2169. Le Code laissait indécis un grand nombre de points importants que cet article règle. Le commandement est un préliminaire de la saisie, il exige donc les formalités de l'article 673 du Code de procédure. Il doit précéder d'un certain intervalle la sommation au tiers détenteur, afin que le débiteur direct ait le temps d'y satisfaire et d'arrêter les poursuites. La saisie suivra de près ces deux actes, pour que le débiteur et le tiers détenteur ne soient point induits à croire que le créancier renonce à poursuivre.

La sommation de payer n'est licite qu'après l'expiration des délais accordés pour inscrire aux créanciers des précédents propriétaires ; il faut que toutes les charges se soient manifestées et que l'acquéreur agisse en connaissance de cause. — Elle contiendra copie de l'inscription, lors même que l'hypothèque existerait indépendamment de cette formalité ; l'inscription précise la demande et fixe le domicile où le tiers détenteur adressera ses significations ; elle doit précéder toutes poursuites.

S'il y a eu commandement... C'est une juste extension de l'article 1912 du Code civil.

Le paiement des intérêts et arrérages.. Sans cela le créancier

serait exposé à perdre. Malgré l'aliénation , l'immeuble reste affecté
aux intérêts à échoir, accessoires légaux du capital , dans la limite
de l'article 2151; le tiers détenteur ne pourrait se plaindre que
si on en laissait accumuler plus de trois années. Les paiements
qu'il fait éteignent ce qui est échu , mais sa jouissance , en se
prolongeant , l'oblige à supporter ce qui échéerra par la suite.

2170. Le copartageant doit être réputé tiers détenteur quant à
la portion de la dette dont il n'est pas tenu personnellement; il
peut par conséquent opposer l'exception de discussion, délaisser ,
purger, etc., telle était l'opinion de Pothier (introduction à la cou-
tume d'Orléans, tit. 20, nº. 52). Si la Cour de cassation l'a re-
poussée par un arrêt du 16 juillet 1837, c'est qu'elle s'y est crue
obligée par les textes du Code. Quoi qu'il en soit, le projet con-
sacre la doctrine de Pothier, en soumettant les partages à la réalisation comme les actes de vente, et en admettant le copartageant
à purger (art. 2166, 2181 et 2183 1º. du projet). L'exception de
discussion est soumise non seulement aux formes, mais encore aux
conditions prescrites au titre du cautionnement (art. 2023).

2171. Le créancier ne doit pas être astreint à une discussion qui
laisserait subsister une partie de sa créance.

2173. Le délaissement est un acte d'administration plutôt que
d'aliénation; il ne dépouille le tiers détenteur que dans la mesure
des créances ayant le droit de suite (art. 2177 du Code). Il faut le
permettre au tuteur autorisé de la famille et aux autres adminis-
trateurs , en appliquant par analogie l'article 744 du Code de procédure.

2174. Puisqu'il doit être donné acte du délaissement (le Code
le veut sans indiquer la procédure à suivre), il est naturel que le
même jugement nomme un curateur à l'immeuble.

Le délaissement est mentionné... La réalisation avait fixé la propriété avec tous ses droits sur la tête de l'acquéreur ; il faut avertir

5

les tiers du changement qui s'est opéré : l'avoué est chargé, sous sa responsabilité personnelle, de leur donner cet avertissement.

2175.... *L'indemnité est immobilisée...* Elle représente une partie de l'immeuble.

La demande en répétition doit sous peine de déchéance... Il ne faut pas qu'elle retarde l'ouverture de l'ordre.

2176 La péremption de trois ans, établie par le Code civil, est supprimée. Si les poursuites n'ont pas été continuées sans interruption, elles sont réputées non avenues, tant par la nouvelle loi sur la saisie immobiliere que par ce projet (art. 2169).

2177. Les droits du tiers détenteur, momentanément anéantis par la confusion, ne peuvent renaître, si l'on a dû croire à leur extinction absolue : c'est-à-dire s'ils ont cessé d'être inscrits, quoique sujets à cette formalité.

2178. (Voir l'Introduction, page xix). Ce serait chose grave que d'anéantir une servitude souvent très-importante pour le fonds dominant, et insignifiante pour le fonds assujetti, parce qu'il existerait sur ce dernier des priviléges ou des hypothèques. Sans doute les créanciers antérieurs ne doivent point en être préjudiciés; mais on les désintéresse en leur accordant une indemnité égale à ce dont la valeur de l'immeuble se trouve diminuée. Cette indemnité, à défaut de surenchere possible, est réglée par les tribunaux.

Le propriétaire du fonds dominant peut délaisser; mais il faut qu'il s'explique dans un bref délai, pour que l'adjudicataire sache s'il achete l'immeuble libre ou asservi.

Les créanciers ne peuvent interpeller le propriétaire du fonds dominant qu'autant que leur intérêt se révèle soit par la transcription de la saisie, soit par la notification de l'acte d'aliénation volontaire.

CHAPITRE VII.

DE L'EXTINCTION DES PRIVILÉGES ET HYPOTHÈQUES.

2180. 2°. Voir l'Introduction pages xix et xx, et les notes sous l'article 2094.

Même hors la présence des parties intéressées... C'est un acte unilatéral. Cette solution est admise par la doctrine et la jurisprudence.

La main-levée de l'inscription, souvent subordonnée à des conditions non écrites dans l'acte, est réputée simple projet, tant qu'elle n'est pas réalisée par la radiation.

La présence du créancier... Les renonciations sont de droit étroit. L'acquéreur a intérêt à exclure la surenchère, et non à payer son prix à l'un plutôt qu'à l'autre.

2180. 5°. Voir l'Introduction page xxi.

Point de prescription spéciale pour le débiteur : à son égard le privilége et l'hypothèque durent autant que la créance.

Dès qu'il y a mutation réalisée, le nouveau propriétaire est astreint à donner un titre récognitif, pour éviter toute discussion sur l'identité de l'immeuble. Il ne peut opposer la prescription de 10 ou 20 ans: *non expers scientiæ, sed affectator ignorantiæ videtur.* (cap. cùm inhibitio 3 § si quis 1 extr. *de clandestinâ desponsatione*).

CHAPITRE VIII.

DU MODE DE CONSOLIDER LES TRANSMISSIONS DE DROITS RÉELS ET
DE PURGER LES PROPRIÉTÉS DES PRIVILÉGES ET HYPOTHÈQUES.

SECTION Iʳᵉ.

Du mode de consolider les transmissions de droits réels.

2481, 2482. Voir l'Introduction, pages III, IV, V et VI.

Ne peuvent être réalisés... Ils ne sont pas trancrits en entier, il faut donc que toute partie intéressée puisse consulter la minute ou l'original déposé. Ce droit résulte de l'art. 2203 ci-après.

La réalisation ressemble à l'inscription sous plusieurs rapports. Elle en diffère 1°. en ce qu'elle n'a pas besoin d'être renouvelée (Introduction page VI); 2°. en ce qu'elle ne contient pas élection de domicile. Les droits qu'elle protège sont trop importants pour que l'on se contente d'un ajournement à domicile élu.

La réalisation rétroagit quand elle est faite dans la quinzaine de la mutation entre-vifs, dans les six mois de la mutation par décès. Sans cette rétroactivité, la vente consommée entre les parties eût été détruite par une vente postérieure qu'on se serait empressé de réaliser. Le délai de quinzaine est trop bref pour entraîner des inconvénients graves. Y a t-il mutation par décès ? L'on a vu que dans les six mois, nul ne pouvait acquérir de droits certains contre l'héritier sur les biens de la succession, puisque ce délai est donné aux créanciers et aux légataires du défunt pour inscrire leur privilége.

Les légataires particuliers cèdent le pas aux créanciers qui ont conservé la séparation des patrimoines (art. 2105 ci-dessus) : les acquéreurs sont au moins créanciers de la chose aliénée ; leurs droits réalisés dans le délai pour inscrire le privilége doivent l'emporter sur le legs. Les légataires universels ou à titre universel succèdent aux obligations personnelles du défunt et ne peuvent jamais exciper du défaut de réalisation.

La réalisation n'attribue pas plus de droits que n'en avait le précédent propriétaire; mais elle est le point de départ de la prescription de dix ou vingt ans.

Section II.

Du mode de purger les propriétés des priviléges et hypothèques.

2183. Pour purger, il faut réaliser son titre et ceux des précédents propriétaires, s'ils n'ont pas déjà été soumis à cette formalité, afin de constituer en demeure d'inscrire toutes les personnes qui ont des droits sur l'immeuble. La purge, en effet, ne saurait être partielle; il en résulterait trop de complications.

La volonté de purger doit être rendue publique par une inscription sur les registres du conservateur des hypothèques : elle modifie les droits du nouveau propriétaire; il peut être évincé par une surenchère ou une folle-enchère (art. 2187 du projet); les tiers doivent en être prévenus.

Cette inscription faite en marge de la réalisation, produit les mêmes effets que la transcription d'une saisie (art. 683 et 686 Cod. procéd.). La propriété est devenue incertaine, il faut s'abstenir de l'exercer, jusqu'à ce qu'elle soit définitivement consolidée; la purge appelle la surenchère, il faut donc que l'immeuble ne subisse aucune dépréciation et qu'une revente ne fasse point tomber les procédures commencées.

La purge n'est pas interdite au copartageant, pour la portion de la dette dont il n'est tenu qu'hypothécairement.

La notification contiendra, entre autres énonciations, copie du bordereau de réalisation ; — l'évaluation des charges faisant partie du prix, et l'estimation de la chose même, si elle est transmise gratuitement, avec offre d'*une somme fixe* qui ne peut être inférieure au prix et à l'évaluation des charges stipulées. Ainsi les créanciers sauront quel capital est mis à leur disposition ; l'on ne verra plus, comme maintenant, l'acquéreur offrir à des créanciers pour sommes exigibles, la rente viagère constituée au profit du vendeur, rente qui peut s'éteindre prochainement, et qu'il faudra vendre, pour se procurer des deniers. Les créanciers, auxquels l'immeuble est affecté, ne doivent point subir ces chances aléatoires, ces procédures dispendieuses. Leurs droits ne peuvent être amoindris par des stipulations qui leur sont étrangères ; leur position doit être la même que s'ils faisaient saisir et vendre l'immeuble.

L'évaluation est faite par l'acquéreur, lorsqu'elle ne l'a pas été par le contrat, ou par la loi ; mais alors elle n'est que provisoire et sujette à contredit : autrement l'ancien propriétaire, le copartageant, les créanciers pourraient être lésés. Les créanciers surenchériront et dans ce cas ils auront le droit, ainsi que toute autre partie intéressée, de contester l'évaluation et de faire déterminer judiciairement ce que doit payer le détenteur ; il serait possible que la surenchère n'atteignît pas, en effet, les charges qu'il s'est imposées. S'il n'y a pas surenchère, il sera libéré en payant la somme offerte, mais l'ancien propriétaire, les copartageants, à l'insu desquels il ne peut ni payer ni consigner, conserveront leur action contre lui, en lui tenant compte de la valeur qu'il aura donnée aux charges : de cette manière tous les droits sont maintenus, tous les intérêts conciliés.

La somme offerte par le tiers détenteur est exigible dès l'instant même ; elle produit intérêt au taux légal, nonobstant toute clause contraire. Si l'acquéreur se croit lésé, il peut délaisser ou subir l'expropriation.

La notification nulle à l'égard d'un créancier, subsistera pour les

autres à qui elle aura été régulièrement faite, sauf les précautions
a prendre dans l'intérêt de celui là (art. 2185 du projet).

2184. Le propriétaire actuel a seul le droit de purger : son prix est
presque toujours le plus élevé ; les créanciers n'ont action, de leur
chef, que contre lui, et il peut seul, en cas de surenchère, effec-
tuer la remise de l'immeuble.

La cession d'une part indivise ne donne lieu à la purge qu'après
le partage consommé : jusques-là, les créanciers qui n'ont qu'une
hypothèque spéciale, ne savent point s'ils ont intérêt et qualité
pour surenchérir, puisque le partage seul leur apprendra à qui est
dévolu l'immeuble sur lequel ils sont inscrits. La surenchère, d'ailleurs, doit porter *sur un héritage déterminé*, et *non sur un droit
incorporel* qui peut en définitive se réduire à de simples meubles.

La purge est également interdite pour les cisaillements de la propriété, au détriment des créanciers auxquels la propriété entière a
été affectée : ce morcellement de gage en diminuerait singulièrement
la valeur. La même règle est applicable aux aliénations sous condition résolutoire ; comment contraindre les créanciers à se contenter
d'un prix restituable si la condition s'accomplit, ou à surenchérir
avec la perspective d'une résolution de la propriété ? Il faut que le
paiement ou l'adjudication leur confèrent des droits définitifs, irré-
vocables, sinon qu'ils puissent exiger le délaissement ou poursuivre
l'expropriation.

Licite entre les contractants, la défense de purger est nulle à
l'égard des tiers. Si l'acquéreur notifie spontanément, il sera responsable de toutes les suites de cet acte ; mais s'il y est induit par les
poursuites des créanciers, nul ne sera fondé à s'en plaindre, parce
que nul n'en éprouvera de préjudice ; le délaissement, la saisie,
n'auraient pas, vis-à-vis du précédent propriétaire et des créanciers,
de suites moins fâcheuses que la purge.

La notification sera signifiée à tous les créanciers inscrits utilement : ils suivent tous l'immeuble, ils doivent tous être provoqués

à surenchérir ; l'art. 835 du Code de procédure distingue sans motif.

La purge peut précéder, mais non entraver les poursuites contre l'acquéreur : ausssi la notification sera nulle , s'il y a déjà saisie commune à tous les créanciers , d'après l'art. 693 du Code de procédure ; elle ne pourra nuire à celui dont la sommation remonte à trente jours au moins ; enfin les diligences de la purge se feront sans interruption à l'égard de tous les créanciers, même de ceux dont l'hypothèque n'a pas besoin d'être inscrite , de manière à ce que le prix de l'immeuble soit fixé et mis en distribution dans le plus bref délai.

2185. 2°. *Qu'il offrira une caution...* Exiger , comme le Code, qu'il soit donné caution jusqu'à concurrence du prix et des charges, c'est rendre la surenchère fort difficile, quand il s'agit d'immeubles considérables. Les créanciers n'ont à craindre que l'insolvabilité du surenchérisseur et la nécessité de revendre à sa folle enchère pour un prix moindre , peut-être , que la somme offerte par l'acquéreur qui notifie. Leur sécurité sera complète , s'il est fourni caution pour la différence entre cette somme et la valeur de l'immeuble calculée conformément à l'art. 2162. Il est indubitable que cette évaluation sera toujours dépassée.

2185. 3°. *Par l'avoué constitué...* Les articles 562 et 707 du Code de procédure donnent aux officiers ministériels un pouvoir analogue.

C'est un grand avantage, lorsque le créancier est absent , que son avoué puisse le représenter en pareil cas.

2185. 4°. Tous les créanciers n'ont qu'un délai uniforme ; il est assez long pour qu'on puisse ne pas tenir compte des distances.

2185. 5°. Les copartageants, les anciens propriétaires ont intérêt à contredire les évaluations faites par le tiers détenteur, puisqu'il se libérerait, même vis-à-vis d'eux, en payant ou consignant la somme qu'il a offerte. Il faut donc leur notifier ces évaluations assez à temps pour qu'ils puissent les attaquer.

Les parties domiciliées hors de la France continentale n'ont droit à aucune augmentation de délai ; elles doivent laisser un représentant sur les lieux (arg. art. 725 du Cod. procéd.).

La purge ne peut être partielle, cependant la notification régulière pour les uns, peut être nulle, avoir même été omise pour les autres. Ces deux hypothèses sont prévues par les trois derniers alinéa de l'article.

2186. *Les créanciers inscrits sur une part indivise...* La surenchère porterait préjudice à la masse, et il est suffisamment pourvu aux intérêts des créanciers par les articles 882 et 2205 du Code civil.

2187. *Sans qu'il soit besoin d'offres préalables...* La jurisprudence est incertaine.

La consignation n'est permise qu'après l'expiration du délai pour produire ; elle doit être dénoncée aux créanciers, afin qu'ils s'empressent d'obtenir collocation et évitent une perte d'intérêts.

Si elle est insuffisante, elle n'opérera qu'une libération partielle, mais elle ne sera point nulle pour le tout, comme on l'a fréquemment soutenu.

Faute par le tiers détenteur... Sous le Code, si l'acquéreur ne paie pas, les créanciers sont réduits à le poursuivre par la voie de la saisie immobilière ; de là des frais et des lenteurs. Le projet y remédie. L'acquéreur, après notification non suivie de surenchère, doit être assimilé à l'adjudicataire sur saisie, et sujet, comme celui-ci, aux poursuites en folle-enchère. Mais alors la résolution de son droit ne nuit pas à ses créanciers personnels, s'ils ont acquis un rang antérieur à celui des créanciers poursuivants, ce qui arrive quand ceux-ci négligent de renouveler leurs inscriptions (art. 2154 du projet).

2188. *L'adjudicataire est tenu au-delà de son prix des intérêts...* Autrement la surenchère pourrait amener une diminution dans la somme à répartir. Par le même motif, le tiers détenteur ne peut rien réclamer pour impenses ou améliorations. Ces réclamations compliqueraient la procédure, seraient la source de contestations; l'acquéreur est en faute d'améliorer tant que sa propriété n'est pas bien assurée; il sera indemnisé s'il délaisse ou s'il souffre la saisie, il est donc à l'abri de toute perte.

2189, 2190. Voir l'Introduction, page v.

2191. La surenchère entraîne l'éviction du tiers détenteur ou l'oblige à élever son prix : il lui est dû garantie dans l'un et l'autre cas. Mais dans le second, le recours s'étendra-t-il, comme le suppose le Code, à tout ce qui excède le prix stipulé ? Ce serait exagérer les obligations du vendeur. Primus, par exemple, a vendu quelques ares de terre, valant à peine mille francs. L'acquéreur découvre pour cent mille francs d'inscriptions du chef de précédents propriétaires. Il n'hésitera pas, de concert avec les créanciers peut-être, à décupler, centupler son prix, si l'augmentation doit en définitive retomber sur Primus. L'injustice est flagrante : l'acquéreur sera subrogé aux créanciers par lui payés, mais il n'agira contre son vendeur, en cette qualité, que d'après les principes du droit, c'est-à-dire dans la mesure de ce qui lui serait dû, s'il eût été dépossédé.

Tout recours à raison d'une surenchère est refusé à celui qui achète en justice : habituellement les ventes judiciaires se font sans garantie ; cette clause doit se sous-entendre quand la cause de l'éviction est en quelque sorte annoncée par la loi. Il serait déplorable que la surenchère dans l'intérêt des créanciers hypothécaires donnât action à l'acquéreur contre les créanciers chirographaires d'une succession ou d'une faillite.

2192. La peine de nullité est prononcée lorsque la ventilation prescrite n'a pas été faite : la notification dans ce cas n'apprendrait pas aux créanciers s'ils doivent ou non surenchérir et quel sera, sur chaque immeuble, le chiffre de la surenchère à porter.

CHAPITRE IX.

DU MODE DE PURGER LES HYPOTHÈQUES QUI EXISTENT INDÉPENDAM-
MENT DE L'INSCRIPTION.

2193. Lorsque l'hypothèque légale est inscrite, elle se purge comme toute autre, par les voies indiquées au chapitre précédent. La notification parviendra sans doute au créancier ou à ses repré-sentants, car elle doit être faite à chaque domicile élu (art. 2183 du projet, 4e. alinéa); et le conservateur est obligé, quand il inscrit pour un mineur, un interdit ou une femme mariée, d'élire domicile chez le président de la chambre des avoués, indépendamment de l'élection contenue au bordereau (art. 2139 du projet, 2e. alinéa ,. Stimulé par l'espoir d'augmenter sa clientelle, cet avoué fera les re-cherches convenables pour connaître le créancier, l'avertir de la purge, prendre inscription, et porter, s'il y a lieu, une surenchère.

Mais comment procéder, si l'hypothèque n'est pas inscrite ? Le Code requiert trois formalités : 1°. l'affiche d'un extrait du titre dans l'auditoire du tribunal ; 2°. la signification au procureur du Roi du dépôt fait au greffe d'une copie de ce titre ; 3°. une signi-fication semblable à la femme ou au subrogé-tuteur.

Il est notoire que l'affiche au tableau de l'auditoire ne donne point de publicité réelle; elle a été supprimée pour les saisies im-mobilières par la loi du 2 juin 1841.

Il l'est également que le ministère public n'use jamais de la faculté d'inscrire et qu'il ne peut faire les démarches propres à éveiller la vigilance du créancier.

La signification au domicile conjugal, en parlant au mari ou à ses domestiques, n'arrive à la connaissance de la femme, qu'autant que le mari, ayant un intérêt contraire, veut bien y consentir.

Enfin cette signification, l'extrait affiché, le titre déposé n'indiquent ni les charges de l'immeuble, ni le rang des créanciers; il est impossible d'apprécier s'il convient ou non de surenchérir. A la vérité l'on a prétendu que le Code entendait seulement mettre en demeure d'inscrire, et qu'une fois l'inscription prise, l'acquéreur devait notifier pour faire courir le délai de la surenchère; mais cette opinion fort contestable, en subvenant aux créanciers à hypothèque légale, laisse plus long-temps incertain le sort des créanciers et celui de l'acquéreur.

Ce dernier peut ne point connaître la femme ou le subrogé-tuteur; alors il remplace la signification qui doit leur être adressée par une insertion aux journaux (avis du Conseil d'Etat du 1er. juin 1807). Mais si cette ignorance, de laquelle depend l'efficacité de la purge, est méconnue par le créancier, il faudra que les tribunaux prononcent, et souvent il leur sera difficile de découvrir la vérité.

Ce n'est pas tout, malgré plusieurs arrêts de la Cour suprême, on discute encore si la purge ne se réduit pas à éteindre le droit de suite, de telle sorte que la femme ou le mineur conservent la faculté de se présenter à l'ordre et d'y faire valoir leur hypothèque.

Le projet termine ces controverses : le droit de préférence tombe avec le droit de suite; ils sont l'un et l'autre la conséquence de l'hypothèque, ils ne peuvent lui survivre, quand elle est purgée. Un seul délai est admis pour l'inscription et la surenchère, parce que le même acte avertit le créancier de l'imminence de la purge et lui donne les indications nécessaires pour surenchérir.

En effet, une notification conforme à l'art. 2183 est faite tant au conservateur, qu'au président de la chambre des avoués, constitué mandataire légal des mineurs, des interdits et des femmes mariées, personnellement intéressé à défendre leurs droits. Par surcroît de précaution, la notification est publiée dans un journal que désigne l'autorité judiciaire, et un n°. spécial, le premier de chaque semaine, est affecté à ce genre de publications. Elles ne donnent qu'un extrait de la notification, pour ne pas divulguer sans utilité, la position du mari ou du tuteur ; l'on trouvera toutes les énonciation désirables dans les significations faites au conservateur ou à l'avoué.

Après une telle publicité, il est peu probable que l'hypothèque ne soit pas inscrite, d'autant plus que les parties intéressées ne sont pas astreintes à se présenter elles-mêmes : la femme pourrait craindre de blesser son mari, le parent d'exciter la haine du tuteur. Le conservateur doit inscrire d'office sur les renseignements écrits qui lui sont fournis par quelque personne que ce soit. Il ne peut faire connaître de qui l'avis lui est venu ; il est tenu de donner récépissé des renseignements et il serait responsable du défaut d'inscription.

Ces mesures paraîtront trop efficaces peut-être à certains esprits qui ne voient dans l'hypothèque légale qu'un obstacle à la transmission des propriétés. Mais, dès que l'hypothèque est admise, il faut en subir franchement toutes les suites, et ne pas la rendre illusoire, en permettant de s'en affranchir quand elle va produire effet.

Il serait superflu d'adresser des notifications directes aux créanciers ; il faudrait les connaître, ou établir des distinctions qui seraient une occasion de procès. L'indication des parcelles et des anciens propriétaires avertissent tous ceux qui auraient des droits à exercer.

2194. Cet article détruit toutes les objections contre l'hypothèque occulte. L'acquéreur peut la purger avant de payer son prix ; elle n'est donc à redouter que pour les créanciers. Elle cessera de l'être, si on leur accorde aussi le droit de s'en préserver par la purge, ou au moins de la forcer à s'inscrire. Ils ne traiteront, s'ils le veulent, qu'avec une pleine sécurité : les fonds prêtés resteront entre leurs mains ou entre celles du notaire jusqu'à l'accomplissement des formalités de la purge, et l'emprunteur ne les touchera que s'il a réellement donné les sûretés promises. Dans ce cas l'hypothèque n'est pas absolument anéantie ; mais on ne peut l'opposer au créancier qui l'a purgée.

2195 (Voir les notes sous l'art. 2193 et l'Introduction, page x).

CHAPITRE X.

2196. Le privilége et l'hypothèque, charges essentiellement réelles,
doivent être inscrits sur l'immeuble et non contre la personne : tel
n'est pas le système actuel. En vertu de la loi du 12 mars 1799
(21 ventôse an VII) art. 18, le conservateur tient un registre
où sont portés les noms des individus contre lesquels il a été pris
inscription. C'est là le point de départ de toutes les recherches :
l'Introduction en signale les inconvénients (pages VI et VII).

Le projet exige l'inscription sur parcelle ; par conséquent, il
substitue au registre ci-dessus d'autres registres indiquant, pour
chaque commune de l'arrondissement, les sections et nºˢ. des parcelles, leur contenance et leur nature. Ils serviront de tables : de
simples renvois aux inscriptions et aux réalisations feront connaître, en peu de temps, de quelles dettes la parcelle est grevée et
quels en ont été les propriétaires successifs.

Les avantages de cette innovation sont évidents ; mais ne com-
pliquera-t-elle point les écritures, ne multipliera-t-elle pas les registres ? La faculté ne le pense pas et elle a fait pour s'éclairer de
scrupuleuses recherches. Malgré la division des propriétés, un seul
registre, de cent feuilles au plus, suffira pour la plupart des
communes. Des modeles ont été dressés ; ils donnent par feuille
l'indication de 20 parcelles, avec assez d'espace pour annoter, a
côté de chacune, vingt réalisations et soixante inscriptions. On
pourrait d'ailleurs se contenter de renvoyer du registre parcellaire
a des registres supplémentaires, sur lesquels on ouvrirait un compte
aux parcelles, au fur et à mesure des inscriptions ou des réalisations.
Les employés de la conservation des hypothèques reconnaissent
eux-mêmes que ce changement n'offrirait point de difficultés.

2198. Le Code n'indique point comment les registres sont arrêtés : le projet comble cette lacune.

2199. *Sans pouvoir excéder la réquisition écrite.* Cette défense préviendra la délivrance d'inscriptions ou de réalisations inutiles à connaître.

2201. C'est la reproduction de l'article 2198 du Code. Il en résulte que l'omission d'un droit réel, tel qu'une servitude ou un autre démembrement de la propriété, n'en opère pas l'extinction, mais ouvre à l'acquéreur de l'immeuble une action en indemnité contre le conservateur ; que l'omission d'une inscription de créance dans un certificat requis par un prêteur ou tout autre créancier, ne nuit pas au créancier omis, mais engage la responsabilité du conservateur à l'égard du requérant.

2202. *A toutes les dispositions du présent titre*, et non pas du présent chapitre.

Les jugements seront susceptibles d'appel. L'on ne doit pas refuser au conservateur le recours accordé aux notaires (loi du 25 ventôse an XI, art. 53).

2203. *Tout dépositaire...* C'est une dérogation à la loi sur le notariat qui défend de communiquer les actes aux parties qui n'y ont point figuré ou été représentées. Mais la publicité n'est pas à craindre, puisque, sous le Code, les actes mentionnés dans cet article doivent être rendus publics par la transcription.

Des dispositions réglementaires devront fixer les droits dus aux dépositaires pour recherche et communication de l'acte.

ARTICLE II.

Voir l'Introduction , pages xxi et xxii.

ARTICLE III.

Le conseil judiciaire n'encourt aucune responsabilité ; ses fonctions sont purement bénévoles, tandis que celles du tuteur sont forcées. L'on ne trouverait point de conseils judiciaires, si leur négligence à inscrire devait compromettre leur fortune.

ARTICLE IV.

En coordonnant les dispositions contenues dans le titre des priviléges et hypothèques avec celles qui se trouvent au titre des successions, cet article supprime la novation particulière de l'art. 879 du Code civil. C'est le moyen de mettre fin à des controverses fort sérieuses et d'empêcher de funestes erreurs. En général, le créancier qui traite avec l'héritier entend augmenter ses sûretés et non point diminuer celles dont il jouit déjà. Il ne faut donc pas induire aisément d'actes faits avec le représentant du débiteur la volonté de renoncer au privilége de la séparation des patrimoines. Le créancier a-t-il entendu décharger la succession et se contenter de la solvabilité personnelle de l'héritier ? voilà toute la question ; elle ne peut être mieux résolue que par les art. 1271 et suivants du Code civil.

ARTICLE V.

Il n'est point dérogé quant actuellement... C'est ainsi que sous la loi du 11 brumaire an VII, les donations étaient assujetties à l'insinuation et à la trancription (loi du 22 frimaire an VII, art. 72).

Les art. VI, VII et VIII avertissent les tiers de la transmission ou de la restriction du droit de propriété.

ARTICLE IX.

Voir l'Introduction, page XXI.

ARTICLE X.

Dans tous les cas , l'énonciation des parcelles... C'est la conséquence du système parcellaire.

ARTICLE XI.

Elles sont éteintes, même à l'égard aes créanciers... Ainsi
l'adjudicataire sur saisie immobilière n'est pas astreint à purger les
hypothèques légalés. Les poursuites ont assez de publicité pour mettre
en demeure le créancier et ceux qui sont chargés de ses intérêts.

ARTICLE XII.

L'adjudication fixe la valeur de l'immeuble , et exclut la surenchère du dixième, à l'égard de tous les créanciers avertis de l'existence de la saisie : il ont pu se présenter et mettre à prix.

ARTICLE XIII.

773. *Le juge commissaire à l'ordre...* Il appréciera mieux que le
conservateur s'il y a paiement valable.
774. *Il en sera de même pour toutes les ventes en justice...* Les
ventes après faillite ou surenchère , comme l'adjudication sur saisie,
purgent tous les priviléges et hypothèques : l'ordre peut donc être
ouvert trente jours après la signification de ces ventes.

775. *L'ancien propriétaire...* Il lui importe que les créanciers soient promptement payés,

ARTICLE XIV.

La surenchère équivaut à la saisie de l'immeuble : il faut donc mettre en cause tous les créanciers inscrits , même ceux de l'acquéreur. Ils ont intérêt à enchérir, puisqu'ils seront payés après les créanciers du précédent propriétaire ; ils doivent être appelés, car leur hypothèque sera purgée par l'adjudication.

ARTICLE XVII.

Cet article reproduit en substance l'art. 39 , 1er. alinéa, de la loi du 15 septembre 1807 (Bulletin n°. 2790 , page 95)

Si les innovations proposées par la Faculté étaient admises , quelques dispositions transitoires deviendraient nécessaires ; il serait surtout indispensable d'accorder des délais assez longs et susceptibles d'être prorogés, avant que la loi ne fût exécutée quant à l'obligation d'inscrire sur parcelles, de réaliser les actes translatifs de propriété , et de recourir à de nouvelles formalités pour la purge des priviléges et hypothèques

Pour copie conforme :

Le Doyen de la Faculté ,

G. DELISLE.

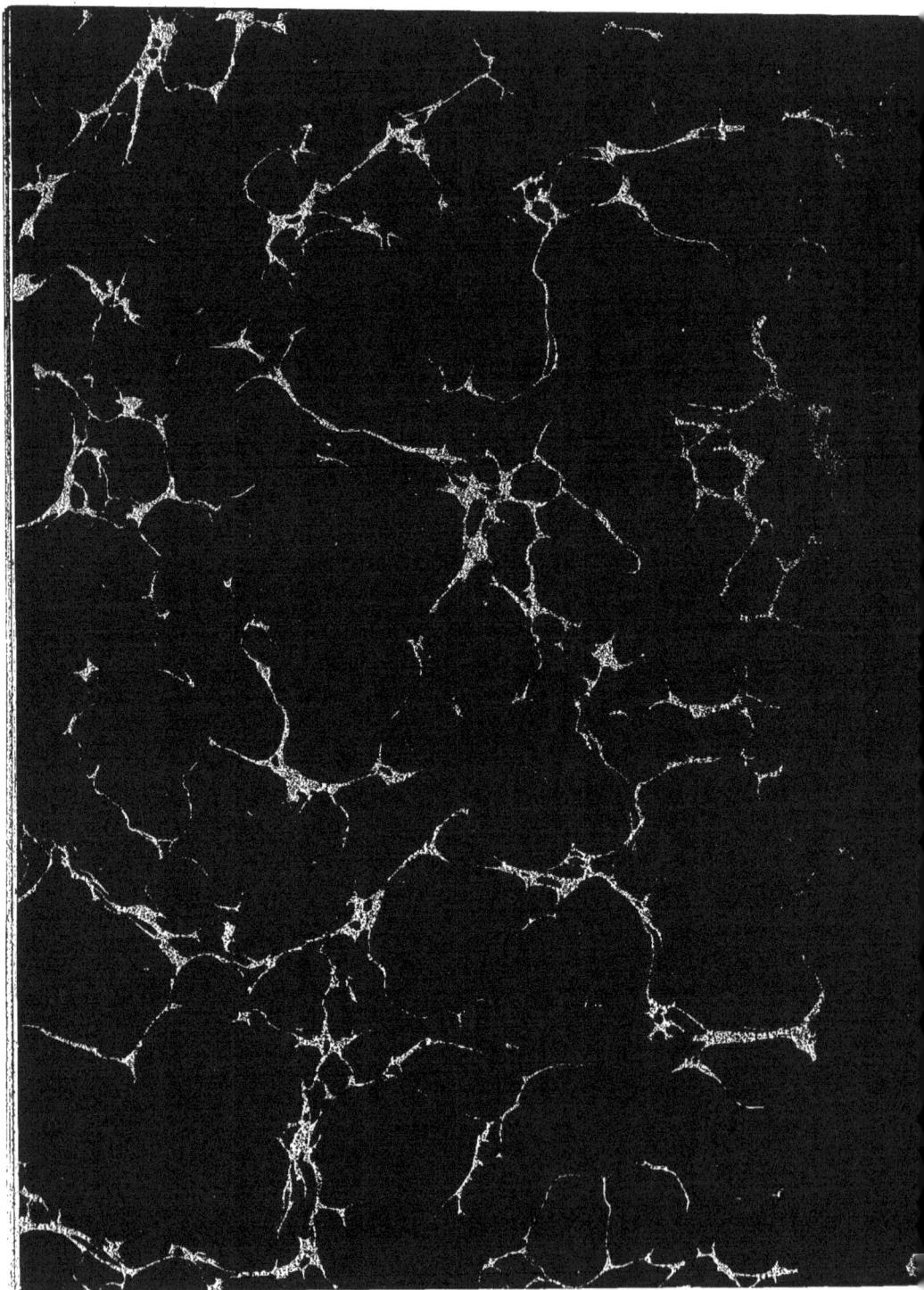

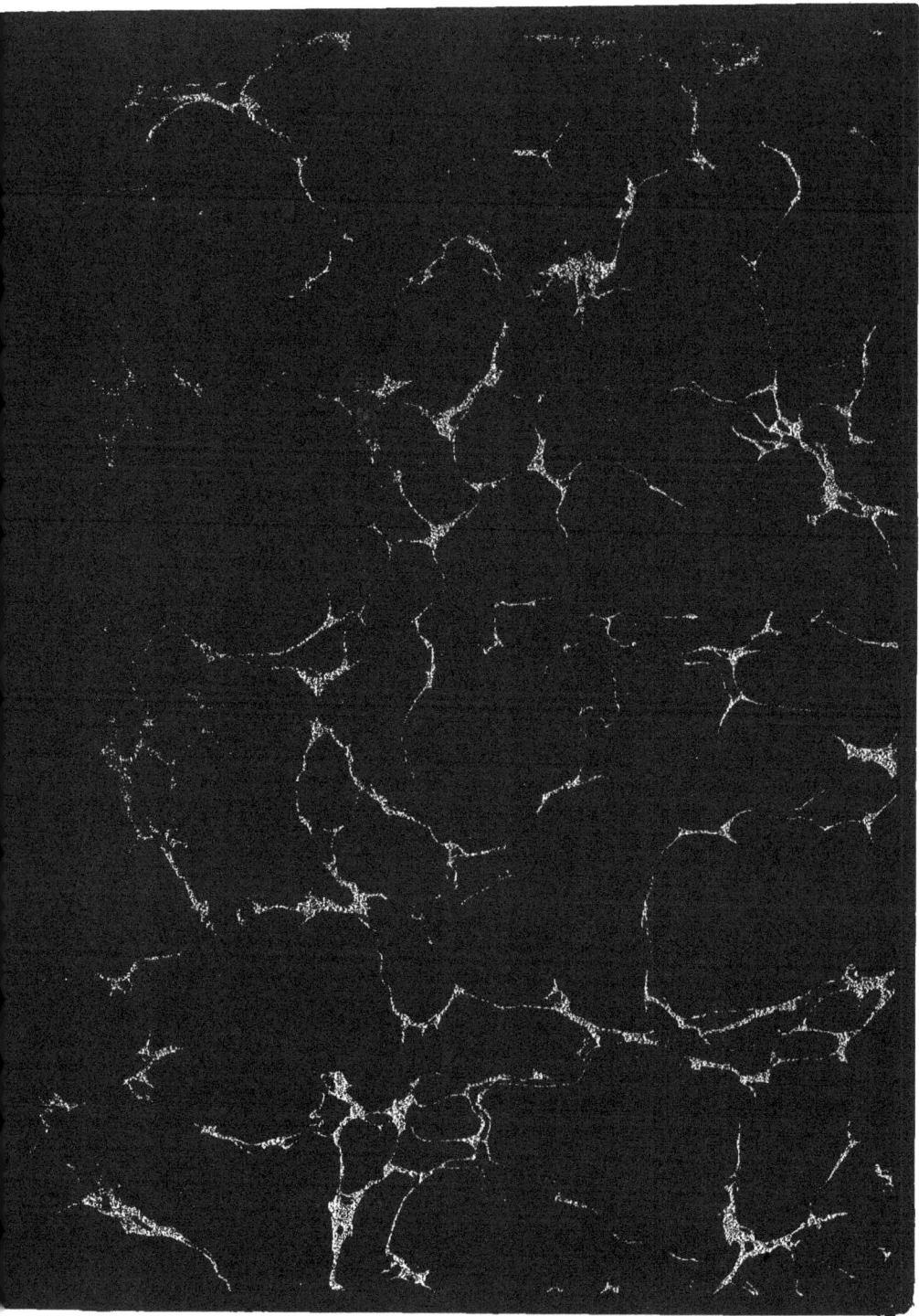

www.ingramcontent.com/pod-product-compliance
Lightning Source LLC
Chambersburg PA
CBHW050546210326
41520CB00012B/2730